사진촬영_ 박종준

불호견

허수아비는 허수아비다

애지시선 089

허수아비는 허수아비다

2020년 6월 20일 초판 1쇄 발행
2022년 10월 30일 초판 3쇄 발행

지은이 복효근
펴낸이 윤영진
기획편집 함순례
홍 보 한천규
펴낸곳 도서출판 애지
등록 제 2005-000005호
주소 34570 대전광역시 동구 대전천북로 12
전화 042 637 9942
팩스 042 635 9941
전자우편 ejiweb@hanmail.net
ⓒ복효근 2020
ISBN 978-89-92219-90-7 03810

* 저자와의 협의에 의해 인지를 생략합니다.
* 이 책 내용의 전부 또는 일부를 재사용하려면 저자와 애지 양측의 동의를 받아야 합니다.

예지시선 089

허수아비는 허수아비다

복효근 디카시집

시인의 말

시의 촉수를 자극하는 장면을 만나면 사진에 담았다.
거기에 담긴 기억과 느낌을 소환하여 시를 썼다.
시와 사진의 혈맥이 섞여 한 몸이 되는 방식이다.

사소한 일상에서 시를 발견하며
세상엔 소중하지 않은 것이 없다는 생각을 하였다.

의미 있는 일이었으며
발견과 깨달음의 작은 기쁨들이 함께하였다.

         2020년 연두빛에 싸여 범실에서
              복효근

■ 차례

시인의 말 012

제1부
오리가 오리여야 하는 이유 012
책에 나와 있지 않은 것 014
닭싸움 016
부부송 018
나비 담장 020
죄인 022
오일장 가는 길 024
돌아가는 길 026
나비의 경우 028
장미와 거미 030
노인보호구역해제 032
허수아비는 허수아비다 034
세상의 모든 새끼 036

제2부

OK 040
참개구리 042
예물 044
봉인 046
60촉 별 048
어떤 평화 050
V 052
초능력이 생긴다면 054
자서전 056
사랑 058
꽃이 피는데 060
없는 새가 아름답다 062
적막 064
아날로그 066
택지분양 068

제3부

어머니 생각 072
동작 그만 074
보은 076
성난 얼굴로 돌아보라 078
공존의 방식 080
봄 082
사막에서 온 편지 084
깔창 086
숟가락의 용도 088
모자 090
두부찌개가 끓는 시간 092
자화상 094
TOP 096
자매 098

제4부

퍽큐와 부처 102
쓰고 싶은 전설 104
연민 106
청개구리 108
어머니1 110
어머니2 112
기다림 114
갈매기의 꿈 116
달팽이 118
가족 120
찬란 122
넥타이 124
빨래집게 126

제1부

내가 나이면서 당신이 되는
당신이 당신이면서 내가 되는

오리가 오리여야 하는 이유

엄마, 우리 안에서 놀아도 먹을 것 주잖아요
추운데 꼭 물에 들어가야 돼요?

물에서 헤엄치지 않으면 우릴 돼지로 안단다

그러면 좀 어때요?

그러면 우리가 꿀꿀하고 울어야 하는데 그럴 자신 있니?

책에 나와 있지 않은 것

곤줄박이를 알기 위해

조류도감을 펼쳤을 때

때마침 곤줄박이 한 마리가 책 위에 앉았다

진짜는 책 밖에 있다고

닭싸움

싸움닭 두 마리가 목깃을 부풀리고 서로를 노려보는
풍경 저쪽
짝다리 짚고 지켜보는 사람들이 있다
싸움으로 흥정하고 챙기는 사람들이 있다

피 흘리는 한반도가 어른거렸다

부부송

겹쳐지면 경계가 지워져 하나가 되는

그러나
내가 나이면서 당신이 되는
당신이 당신이면서 내가 되는 딱 이만큼의 거리에서

나비 담장

보고 싶지 않아서가 아니라
그리운 마음 다스리느라 쌓은 담이야

햇살이 가득 차오르면
담장 너머로 날아서 너의 뜰에 가만
가만히 다녀올 거야

죄인

스승의 날 박카스 한 병 받았네
캔 커피 하나 받아도 뇌물이 되는 세상에서

정작 나를 죄인으로 만든 것은
잘 기억하지 못해 죄송하다는 그 말

오일장 가는 길

어디 돈하러 가남

친구들 만내러 가지

간 김에 병원 좀 들렀다 오고

돌아가는 길

둘렀던 나이테를 밖에서부터 지워가는 것
나를 가두었던 굴레를 하나하나 벗어가는 것
종내는 마지막 동그란 ㅇ으로 남는 것
그것마저 벗어던지는 것

나비의 경우

나비가 새똥에 앉는 걸 보았다

어쩌면 우리는

천사를 찾기 위해선 지옥을 뒤져야 하는지도 모른다

장미와 거미

빵만으론 살 수 없듯이

장미만 보고 살 수 없어

거미는 장미꽃잎에 숨어 찾아오는 날벌레를 기다려

그러니까 장미는 경전이자 빵을 굽는 화덕인 셈이지

노인보호구역해제

대놓고 선언을 하는구나

이 구역 벗어나면 알아서 가라는 듯

무소의 뿔처럼 가라는 말로* 읽는다

계속 간다

 * 법구경의 한 구절

허수아비는 허수아비다

허수아비 같다는 말처럼이나

나를 두고 사람 같다는 말도 하지 않았으면 해

이래봬도 난 진짜야

진짜 허수아비

세상의 모든 새끼

고향집 처마 밑에 제비둥지
먹이 달라 보채는 새끼제비 몇 마리
그 노란 부리를 떠올리면
내가 누군가의 새끼였으며
또 내 새끼들의 어버이라는 것을 생각하곤 한다

제2부

모자란 햇살이 나를 키웠어
갈증이 나를 꽃 피게 했어

OK

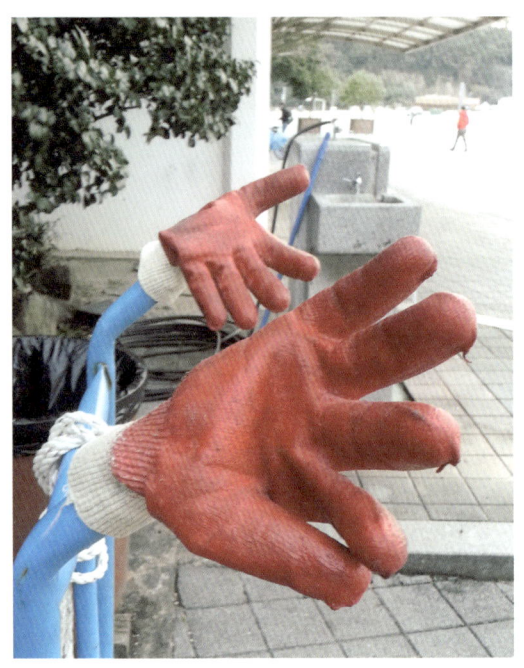

뭐 어때유

괜찮아유

당신 손을 또 감싸 안을 수만 있다면

참개구리

오늘은 다른 쪽에서 꽃이 필지 아니?
우물 밖을 향한 출구는 모두가 외면하는 쪽에 있을지도 몰라
그렇다고 나를 청개구리라고 부르진 마
나는 내가 왜 참개구리인지 생각할 뿐이야

예물

팔찌 대신
목걸이 대신 저 이슬방울들이면 안 될까

너무 사치스러운가

봉인

비록 빈 창고라 할지라도

이 문 안의 적막 한 조각도 옛 주인의 몫입니다

추억이 없는 것은 재산이 없는 것보다 가난하거든요

60촉 별

손주들이 다녀가는 주말 저녁에만 60촉 외등을 밝히셨다
평소엔 켜지 않다가
차가 동구 밖을 벗어날 때까지 환하게 빛나던

어떤 평화

봄이 되어 일을 잃은 도끼자루가
나팔꽃 덩굴에 자리를 내주었다

도끼는 꿈 꾼다
녹슨 대륙간 탄도미사일에 나팔꽃이 피는 날을

V

그림자 그늘이 너무 어둡다고 느껴질 때는
뒤돌아보라
등 뒤에 태양은 눈부시게 비추고 있을 테니

그래 그거야
손가락 두 개를 펼쳐서 그렇게

초능력이 생긴다면

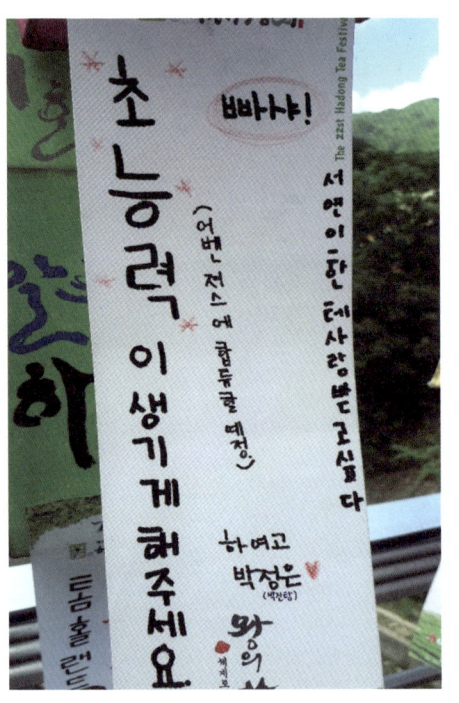

어벤저스에 합류하겠단다

지구를 구하는 것은 모르겠고

서연이한테 사랑 받고 싶은 다만 그뿐

빠샤!

자서전

모자란 햇살이 나를 키웠어

갈증이 나를 꽃 피게 했어

사랑

서로에게 뿌리 내리는 것

결국은 하나의 하트로 숨 쉬는 방식

꽃이 피는데

공부하래

성불해야 한대 큰스님은

우리가 부처인 줄도 모르고

꽃이 피는데

없는 새가 아름답다

돌에 새긴들 천 년을 가겠느냐
쇠로 빚은들 만 년에 남겠느냐

바람에 흩어지고 물결에 뭉개져서 흔적도 없어질
그래서

꽃잎을 닮은 새의 족적

적막

어차피 내년에도 문을 못 열 거야

마지막 잎새마저 져버린 담쟁이덩굴이 입구를 덮고 있다

노인 몇만 남은 섬

물고기 두 마리가 지키고 있는

어촌계 공동창고

아날로그

전자계산기는 모르지
하지만 주판은 다 알아

물보다 술을 더 사 가는 외로운 당신 속

택지분양

앞으로 열 세대는 더 입주할 수 있어요

천년만년 살 것처럼
이 절벽의 소유권을 주장하지만 않는다면

제3부

잠시 멈추고 발아래를 보니
숨죽여 괭이밥풀꽃이 피고 있었다

어머니 생각

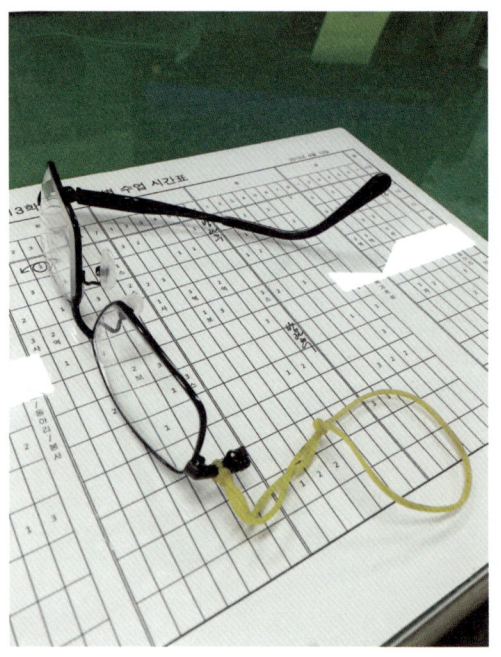

이 없으면 잇몸으로 살게 돼있어

안경다리 하나 부러뜨리고 어머니 생각났다

끝내 틀니 안 하고 버티시던

동작 그만

출근 자전거가 갑자기 버틴다 잠시
멈추고 발아래를 보니

숨죽여 괭이밥풀꽃이 피고 있었다

보은

잡초들 가운데 경운기에 세 들어 사는 놈 우리 말고 또 있을까?
주인양반 퇴원할 때까지
우리가 여기서 지켜주자
누가 빈 경운기라고 말하면 아니라고 손 흔들어주자

성난 얼굴로 돌아보라

글쎄 너 들었어?
엮여 매달린 우리 모습이 비굴(卑屈)하대
뭐라고? 화가 나서 참을 수가 없네
우린 누가 뭐래도 당당하게 굴비(屈非)인데

공존의 방식

꿀벌도 아니고 겨우 꽃등에냐고 불평하지 마
나 없인 너도 없어
물론 너 없인 나도 없지
너와 내가 없으면 지구고 나발이고 우주고 나팔이고도 없어

봄

살기 위해선 무기도 필요하지만

잊지 마

몸속의 피만큼 눈물도 준비해야 해

사막에서 온 편지

괜찮아 견딜만해

괭이밥풀은 잎 하나에 하트가 세 개씩 달려있어

빵만으론 살 수 없지

심장이 있느냐가 먼저야

깔창

발바닥 쪽에서 내 안을 들여다보는 창, 깔창은

뒤꿈치로 숱하게 짓뭉개버린 언약을
닳아진 요철로 기억하고 있을까

혓바닥을 닮은 깔창이 내 흉을 보느라 소란스럽다

숟가락의 용도

자물쇠이자 열쇠

우리 생을 열고 닫는 것도
이 순가락

모자

이탈리아 어느 성당에 누워계신 성모의 목소리를 들었다
아기야 너는 거룩하지 않아도 된다
전지전능하지 않아도 된다
오직 내 아기이기만 하면 된다
기적을 일으키지 않아도 돼
지금 우리는 기적 속에 있으니

두부찌개가 끓는 시간

괜찮아

이보다 더 나쁠 수도 있었어

왼손에 오른손을 포개 놓는다

다만 지금은 두부찌개가 끓는 시간

자화상

귀 빼고 좆 빼면 남는 게 없다는 말은 당나귀에만 해당되는 게 아니야

외계인 같다고?

맞아
귀 대신 턱없이 큰 머리통을 이고
외계의 사막을 터벅터벅 걸어가는 당나귀 같은 나는, 혹 우리는

TOP

석가탑 다보탑만이 탑일까
산길에 포개놓은 돌멩이 몇 개
곧 무너질, 아무것도 아닌 조그만 돌탑을 탑이라 부르지 않는다면
그래, 아무것도 아닌 당신과 나를 무어라 부를까

당신과 내가 언제고 탑이 될 수 있는 이유

자매*

뻘에 나간 엄마 기다려

먼 바다 나간 아빠 기다려

언니가 어떻게 해주랴

아무리 배가 고파도 동백꽃은 먹을 수 없는 꽃

후두둑 눈물처럼 동백꽃은 지는데

* 거제도 동백섬 지심초등학교(폐교) 교정에 있는 석상

제4부

손 꼭 잡아
우리 모두가 쓰러지지 않는 한
너도 나도 쓰러지지 않아

퍽큐와 부처

가끔 나는 중지를 세워 손가락 욕을 하였지
능멸과 멸시를 익힌 손가락을 굽혀 엄지 쪽으로 숙였더니
부처의 수인을 닮았더군
부처와 마구니가 손가락 하나 차이였어
왜 그런데 우리는 흙에 가까워져서야 깨닫게 되는 걸까?

쓰고 싶은 전설

승리를 눈앞에 두고 마지막 돌격명령을 내리려 칼을 뽑
아들자
비둘기 두 마리가 내려와 칼등에 앉았다

장군은 새가 날아가기를 기다렸다가
칼을 씻고 고향으로 돌아갔다는

연민

손이 시려워 죽겠는데 주먹을 쥐지도 퍼지도 못하고 있어

새가 다 날아갈까봐

청개구리

처음엔 나는 풀잎이었어

그런데 노래하고 싶어졌지

폴짝폴짝 뛰어댕기고 싶어졌어

청개구리가 되었지

걱정하진 마

언젠가는 다시 풀잎으로 돌아갈 거야

어머니1

그래, 니는 밥 무굿나?
나? 걱정 말그래이
날도 벨로 안 춥고 시장 아지매들 둘러 앉아
따땃하게 김치찌개 끓여놓고 웃어쌈서나 밥 묵고 있다
그래, 감기 조심허그래이

어머니2

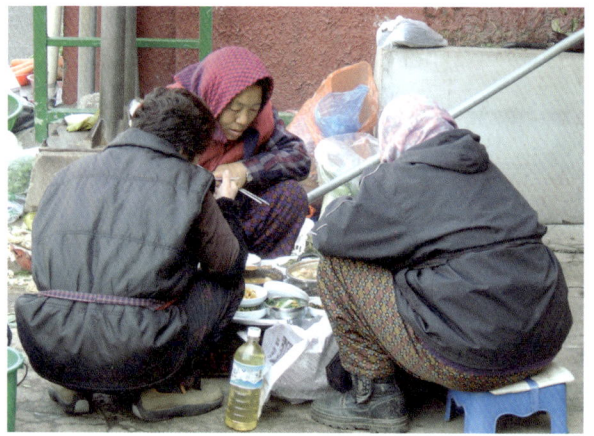

나는 이기 더 좋아

아무꺼도 않음서나 안방에 들앉아 먹고 노는 거보다도

전주식당 두부찌개 하나면 부러운 기 없는기라

하모, 이기 건강에도 좋고

그나저나 김천댁 니 허리는 좀 어떻노

기다림

물질하러 바당에 들어간 어멍 기다려
한 켤레는 바당만 바라보고
또 한 켤레 한 짝은 벌써 집 쪽으로 돌아섰다
삼 년이 돼도 여전히 보랏빛 새 신

갈매기의 꿈

잠시만 날갯짓 멈추어도 천길 추락인데
멀리서 보면 여기도 아름답겠지
먹고 살기 위해서 날 뿐이라고 말하지 말라
당신이 먹고 살기 위해서만 걷는 게 아닌 것처럼

날지 않아도 살 수 있는 삶은 꿈꾸지 않는다

달팽이

어찌나 빠른지

달나라에선 나를 팽이라 부르지

내가 느린 게 아니라

쓸데없이 당신이 빨라

가족

손 꼭 잡아
우리 모두가 쓰러지지 않는 한
너도 나도 쓰러지지 않아

너를 꼬집으면 내가 아픈
한 그루 숲

찬란

착한 가격에, 모범에, 제일에

50년을 한 자리 지켜온 이발소에 들어가 염색이라도 하면

호남형의 사내가 될 수 있을까

푸른 자전거 타고 휘파람 날리며 너에게 가고 싶다

넥타이

올가미를 닮았으나

죽음보다는 죽임의 혐의가 농후하다

죽이지 않으면 죽을 수밖에 없는

검투사의 검 같은

빨래집게

쉬는 동안에도 매달려 있어야 하는 운명

입 꽉 다물고 있어
어금니 힘이 풀리는 순간 그나마 이 운명도 끝이야

애지시선

002 붉디 붉은 호랑이   장석주 시집
003 붉은 사하라   김수우 시집
004 자전거 도둑   신현정 시집
005 정비공장 장미꽃   엄재국 시집
006 기차를 놓치다   손세실리아 시집
007 바람의 목례   김수열 시집
008 그리운 연어   박이화 시집
009 뜨거운 발   함순례 시집
010 정오의 순례   이기철 시집
011 그 남자의 손   정낙추 시집
012 즐거운 세탁   박영희 시집
013 구룡포로 간다   권선희 시집
014 좋은 날에 우는 사람   조재도 시집
015 여수의 잠   김열 시집
016 축제   김해자 시집
017 뜻밖에   박제영 시집
018 꽃들이 딸꾹   신정민 시집
019 안개부족   박미라 시집
020 아배 생각   안상학 시집
021 검은 꽃밭   윤은경 시집
022 숲에 들다   박두규 시집
023 물가죽 북   문신 시집
024 마늘 촛불   복효근 시집
025 어처구니 사랑   조동례 시집
026 소주 한 잔   차승호 시집
027 기찬 날   표성배 시집
028 물집   정군철 시집
029 간절한 문장   서영식 시집
030 고장 난 아침   박남희 시집
031 하루만 더   고증식 시집
032 몸꽃   이종암 시집
033 허공에 지은 집   권정우 시집
034 수작   김나영 시집
035 나는 열 개의 눈동자를 가졌다   손병걸 시집
036 별을 의심하다   오인태 시집
037 생강 발가락   권덕하 시집
038 피의 고현학   이민호 시집
039 사람의 무늬   박일만 시집
040 기울어짐에 대하여   문숙 시집
041 노끈   이성목 시집
042 지독한 초록   권자미 시집
043 비데의 꿈은 분수다   정덕재 시집
044 글러브 중독자   마경덕 시집
045 허공의 깊이   한양명 시집